빨강

이여원 시집

시인의 말

생각이 독이었고
때로는 독이 해독제로 변했다.
앞으로도 독을 낳을 것이다.

2019년 여름
이여원

차 례

● 시인의 말

제1부

빨간 장날 ——— 10
날개 달린 처마 ——— 12
편애 ——— 14
물푸레 동면기 ——— 16
난청 ——— 18
거절의 사전 ——— 20
즉흥적 반응 ——— 22
롤리타 ——— 24
아이스 캐논 ——— 26
속눈썹이 떨어지기 전에 ——— 28
포맷 ——— 30

제2부

외동딸 —— 34

앗! 발이다 —— 36

균형 —— 38

멍 —— 40

이슬의 임계 —— 42

벌거벗은 말 —— 44

물고기 화장술 —— 46

소지燒紙 —— 48

줄넘기 —— 50

휴식의 형량 —— 52

월천의 아이들 —— 54

우리가 눈을 뜨고 있을 때 —— 56

상현달 —— 58

어쩐지 중독 —— 60

눈 —— 62

제3부

종소리와 가시 ──── 66
지워지지 않는 기억은 동승한 여행객이다 ──── 68
오리의 계절 ──── 70
호구狐口 ──── 72
저녁을 짧게 말하다 ──── 74
피아노 신발 ──── 76
흔들리는 책상 ──── 78
문어文魚의 인문학 ──── 80
창세기 ──── 82
잉크 ──── 84
유등전언 ──── 86
그늘의 뿌리 ──── 88
꽃 ──── 90

제4부

소금가시 ──── 94

고요의 길이 ──── 96

금요일 오후 ──── 98

오월의 꿈 ──── 100

환지통 ──── 102

전생의 편지 ──── 104

렛미인 ──── 106

오른쪽 심장 ──── 108

우리의 슬픔이 산만했으므로 ──── 110

Morse code ──── 112

봉봉봉繼繼繼 ──── 114

그가 또 지르신다 ──── 116

활 ──── 118

죽음의 방 ──── 120

▨ 이여원의 시세계 | 주영중 ──── 122

제1부

빨간 장날

　빨간 장날에는 슬쩍 훔치고 싶은 것들이 많지만 하늘이 맑아서 예비용 서답이 없는 처녀들은 불안합니다 음전이 할머니도 오늘만큼은 빨간 몸빼를 갈아입고 빨간 장미 무늬 양산을 쓰고 왔군요 빨간색에 민망한 파란 꼭지를 단 파프리카가 파라솔 아래 담겨 있고요

　빨간 날은 빨강들이 옹기종기 건너오고 있습니다 그날은 기상예보처럼 빨간 게 무겁고 가벼울 수도 있습니다 운수처럼. 장날은 빨강 쉼표 같은 날, 아랫배부터 살살 흥이 올라 파장까지 번져 올라갈 수도 있습니다

　되바라진 처녀들이 올 적마다 주머니가 불룩해져 가고 얼굴은 빨개집니다 초록색 지붕의 범수 아제도 하얀 삼베 적삼에 빨간 목수건 걸치고 붉은 팥을 경운기에 싣고 왔군요 모두들 꽁꽁 숨는 빨간색과 드러내는 빨강이 숨바꼭질 하듯 합니다

　월요일의 빨간 수탉벼슬을 따라가면 빨간 일요일이 나오

고 일요일 처녀 일요일 소녀 일요일 폐경들이 왁자한 장날입니다

　모든 빨강은 식욕의 끝에서 자라고 있는데 흰 바지 밑에 빨간 양말 아저씨는 왜 나이가 들수록 빨간색을 묻히려고 할까요

　구름의 한쪽 끝에서 빨간색이 터집니다
　아슬아슬한 나이들이 모여들어 뭉게구름을 만듭니다 빨간 장날이 되면 사르르 아픈 배 챙겨 온 새털구름은 다 흘러가버리고 발을 동동 구릅니다 빨간 고추잠자리 서너 마리가 날고 서쪽으로 뉘엿거리는 하늘빛이 붉습니다

날개 달린 처마

언제든 접고 펼 수 있는 처마를 하나 샀지
이 처마 끝으로 주름치마를 만들어 입기도 했지
치맛단에서 빗물 떨어지는 소리가 나기도 했고

홑처마 비가람 아래 발 뒤꿈치를 세우고 젖은 유성을 바라보고 있었지
몇 다발의 울음이 소나기 줄기 사이를 지나가고
흔들리는 건 밖의 일이라 생각했었지
주변의 그림자를 빌려 가로등 불빛이 흔들리고 있었지

이웃의 처마 밑에는
무청이 푸른색으로 말라가고 있었지
변방을 떠돌던 구름들이 꼭짓점도 없는 처마 아래 숨어 들기 시작했지만
접힌 가슴 속으론 들어오지 못했지
손잡이 없는 처마는 바람에겐 끄덕하지도 않지만
움직이는 원형의 처마는 무엇이든 둥근 것을 좋아하지
모서리 없는 악보 속에는 물방울이 튀어 올랐지

우산은 열려 있으나 닫혀 있는 공간일 뿐

손잡이가 달린 처마 곁으로 들이치던 빗방울들
둥근 처마 아래 눅눅하게 얼룩진 어깨가 있었지
뜻밖의 비는 항상 내릴 수 있지만
날개 달린 처마를 팔아
날개 달린 치마를 사고 싶은 날들은 가끔 있다는 거지

편애

양산의 그늘진 얼굴을 보내왔다
뒤쪽에 메밀밭만 없었더라면
밤인지 낮인지 구분할 수 없는 한낮의 달밤을 등지고
양산 밖을 편애하는 웃음
메밀꽃들은 무렵으로 피고
무렵으로 진다

여자는 한낮의 달빛에 있고
나는 한밤의 물을 건넌다
물에서 휘청거리고
메밀밭 속으로 넘어지고 싶은 마음
양산은 비좁은 한낮을 빙글빙글 돌린다
사라진 장날을 배경으로 보내왔다면 차라리
오일을 돌아다니면 될 것이지만
돌아가는 양산 속의 먼 어제는
내 속에 들어온 처음이어서
달밤을 닦아 거울을 만들었다

길 옆, 나른함을 뒤집어 쓴 한낮의 달밤
지금도 그대 생각만으로
손바닥이 축축하다
편애 속에 돌고 있는 물레방아는
풍물처럼 서 있고
뇌락한 달빛 아래 번지던
얼굴을 돌릴 적마다 툭툭 터져가는
결핍의 물결이었다

부풀어 오른 양산을 보내온
빙글빙글 도는 심중의 여백

물푸레 동면기

물푸레나무 찰랑거리듯 비스듬히 서 있다
양손에 실타래를 감고 다시 물소리로 풀고 있다
얼음 언 물에 들어 겨울을 나는 물푸레
생각에 잠긴 척
바위 밑 씨앗들이 졸졸 여물어가는 소리를 듣고 있다
얼룩무늬 수피가 물에 닿으면 물은 파랗게 불을 켰었다
바람은 지나가는 분량이어서 몸 안에 들인 적 없고 팔목을 좌우로 흔들어 멀리 쫓아 보냈었다
손마디가 뭉툭한 나무는 실을 푸느라 팔이 아프다
나무의 생채기에 서표書標를 꽂아두고
녹아 흐르는 물소리를 말린다
푸른 잎들은 물속 돌 밑에 들어 있고
겨울 동안 잎맥이 생길 것이다
추위가 가득 엉켜 있는 물가, 작은 샛길이 마을 쪽으로 얼어 미끄럽다
빈 몸으로 서 있는 겨울나무들
모두 봄이 오는 방향 쪽으로 비스듬 마중을 나가 있다
날짜를 세는 가지는 문맹文盲이다

개울이 키우고 있는 것이 물푸레인지 물푸레가 키우고 있는 것이 개울인지 알 수 없지만
 나뭇잎 하나 얼음 위로 소금쟁이처럼 떠 있다

난청

나뭇가지와 흙바닥이 없었다면 문맹률은 한참 더 올라갔을 것이다
봄이었고 중이염을 앓고 있었다
군대에 간 오빠가 귀를 잃은 편지를 보내왔다
오빠의 전사 위로금으로
귓속 가득 쌓인 난청을 들어냈으나
나는 한쪽이 꽉 막힌 사람이 되었다

목련나무들마다 하얀 붕대를 풀고 있었고
한쪽의 실음失音을 얻었다

들리지도 않으면서, 어지러운 방향만 들어 있는 귀
커튼을 단 귀
소음들이 문을 벌컥 열어젖히고 있었다
귀를 닮은 꽃들, 소리가 없는 봄이 지나갔다
껍질만 남은 귀에
어둠이 팔짱을 낀 채 옆에서 걸었다
지금도 뒤에서 부르는 소리는

방향이 없다

나의 문자는 흙바닥과 나뭇가지에서 나왔으므로 쉽게 지워지고
쉽게 부러졌다
시든 귀들이 뚝뚝 떨어진 목련 밑
흰 목련꽃을 열고 달팽이관을 꺼내 갖고 놀았다

들리지 않은 귀에는 오빠가 들어 있고 오빠가 작곡한 악보에는 한쪽의 귀가 없었다
나뭇가지에서 나온 낙서를
쓱쓱 문지르고 가는 흔들리는 그늘
슬픔에게 배운 글자에겐 홑받침이 많다

거절의 사전

거절의 사전에는 꼬리말이 붙어 있다
붉은 무안함이 색인으로 표시되어 있는 지점, 위로는 등을 두드리고
상한 마음은 발등을 내려다본다
누구든 이 사전 한 권쯤은 갖고 있다
개정판이든 오래전 것이든
구차한 생활의 목록에 꽂혀 있다

거절의 사전은 무거운 낱장으로 엮여져 있고 자음과 모음이 맞지 않아 더듬거리는 문장이다

혓바닥은 가볍게, 가지런히 풀어놓은 불혹의 거짓말
완곡한 요구와 정중한 거절은 대부분 한 페이지에 같이 수록되어 있다
때론 찾지 못해 우왕좌왕하는 경우도 있고
이미 몇 번 빌려준 예도 있다
단일문장으로 이렇듯
많은 갈래의 의미를 지닌 해설도 드물 것이다

서글펐던 거절과 초라한 부탁이 한 입에 있고
건조한 음성으로 처음 발음해보는 단어를
입에서 끄집어내야 할 때가 내게도 있다
우리의 혓바닥 밑에는 절판되지 않는
수천 권의 사전들이 있다

즉흥적 반응

마법 하나 배우고 싶죠

빨간색 가방에 동그라미 색깔을 넣으면 당신은 십분의 일만 명품일까요

마법을 배우려면 마법사보다는 마녀가 더 적합하죠 모자 속이나 빗자루 속이나 또는 동화책 속에 사는 마녀는 동화책 어느 책갈피 샛길을 누빌지는 아무도 모르죠 독학은 어떨까요 붉은 피 속에 푸른 나무를 거꾸로 넣으면 전율, 혹은 소스라칠까요

네 개의 바람 부는 곳에서는 어디서나 악명 높은 마녀가 되겠죠 실크로 만든 채찍은 마법을 지우는 일도 하죠 까마귀 털이 꽂힌 검고 작은 가방 속엔 공기와 흙과 불과 물이 들어 있죠 하얀 표정으로 검은 말을 하는 입 거짓말 길이만큼 뽑혀 나온 혀를 보며 조롱을 일삼기도 하죠

나는 마녀 반복적 저녁을 넣고 보글보글 찌개를 끓이고

끓여요 악행의 재료가 무엇일까요 파란 사과 이빨 빠진 도끼날 빗겨나간 화살 미래의 목을 끊어 입구 속으로 출구를 털어 넣으면 도덕적으로 끓는 찌개는 갈등의 냄새가 나죠 역설이 약병인 나만의 조제법인 셈이죠

 바람으로 부풀지도 않고 그렇다고 바람이 빠지지도 않는 동그라미들의 악행 마법은 최초의 화폐쯤 되겠죠

롤리타

나팔꽃 두 송이가 넝쿨의 말에 귀를 기울이고
간지러운 듯 목을 움츠리며 귀가 어깨에 닿아 있네
가늘고 긴 설득의 방망이질
솜털을 지나 봉곳한 가슴을 지나 간지러운 곳들이 옮겨 다니네
돌고 있는 레코드 사이로 나선형의 피가 배어 나오고
상상하는 곳마다 하얀 리본의 머리띠가 생겨나네

부주의한 곳마다 열리는 원피스
얼굴과 표정은 서로 모르는 사이라네

발을 굴려 그네를 하늘로 띄우면 발바닥과 손바닥은 아직 청결해
무릎이 허벅지 위로 자란다네

불구가 된 단어는 당신들의 것
설득이 입을 깁고 있네
장난은 작아서 장난 뒤에 숨기에 충분하고

손을 열고 뺨을 바꾸는 약속을 자주 한다네
어른과 소녀 사이에 보철을 한 웃음이 둥둥 교정 중이네
원피스 자락을 들추는 공중놀이는 익숙한 스릴
소녀도 여자도 아닌 것이 텀블링으로 뒤집히네

어른들을 흉내 내며 꼬리가 길어진다
혀끝은 불붙은 램프 심지 같아
거리 둔 직계들은 그 곁을 비껴가려 하네
수인성으로 번지는 분홍색의 꿈을
한낮의 그림자가 가위질하네
친절한 소녀가 흘리는 말은 번개처럼 위험하다네

아이스 캐논

누군가 내 각성제를 다 쏟아버렸네. 쌀밥에 듬성듬성 보리가 섞였을 뿐인데 왜 쌀밥이라 하지 않고 보리밥이라 하는지 궁금하네. 몇 알의 보리로 한 그릇 밥을 기둥 세워보자 하네. 아무리 보리밥을 먹어도 게을러지고 보리 싹 뚫고 올라오는 봄이 없네.

쏟아진 각성제는 이곳저곳으로 흩어졌네. 구석이 되고 지켜지지 않는 약속이 되고 저희들끼리 수군대는 흰 머리카락이 되네. 방전은 일정량의 비율을 넘긴 것들. 방전된 칸칸마다 불안한 에너지가 색깔을 바꾸고 있네.

짜증은 몇 개의 침대를 끌고 다니고 땀이 식어가는 한 여름. 흘러내리는 그늘이 중력을 앞세우고 며칠 밤을 새웠던 피곤한 밤들이 속속 집결하네. 쉴만하다고 느껴질 때 먼 옛날에 던져두었던 부르주아가 우산처럼 뒤집혀 속수무책이네.

짜증은 옆으로 무너지네. 비를 보며 느껴지던 모든 의미가 터진 양동이의 구멍에서 빠져나오는 것처럼. 방전의 힘으로 무료하게 견디는 6인용 병실 같은 징글징글한 처소.

틈만 나면 이등변으로 쓰러진다. 털리고 털어놓고 달려온 현재로 와르르 쏟아지고 있는 것이다.

옆으로 넘어지다 결국은 사방을 잃고 쓰러지게 될 날까지 일정량의 비율을 넘긴 무기력의 힘으로 오, 솟아나는 폭발의 힘!

속눈썹이 떨어지기 전에

밥을 먹는데 반찬에서
속눈썹 한 올이 나왔다
그때부터 모든 반찬에선
깜빡이는 눈썹의 맛이 났다

한 며칠 앓고 난 뒤
입맛 끝에 반짝 눈 뜬 사과가 떠올랐다
충혈된 사과의 맛
배꼽이 더 깊어지기 전에
예쁜 얼굴을 내동댕이쳐야 익는다고
가지 끝은 미안한 마음으로
빨강이 될 때까지 참는다

그때부터 사과는 미안한 맛이 났다
꼭지의 반대편, 사과는 꽃을 버리고 속눈썹을 얻었다
눈썹을 떼고 사과를 깨물면
싱싱한 맛이 난다

엄살은 두 손바닥을 움켜잡고
그림자만 늘리고 재는데
비와 구름 사이를 갈아먹고
야무지게 변한 스마플
푸른색과 빨간색은 사실상 멀기도 하지만
색깔을 외운 사과는 웃어주느라
입언저리가 헐어가고 있다

눈을 깜빡일 때마다
사과의 맛이 떠오른다

포맷

발사대를 차고 날아오르는 로켓
바닥은 누군가 실수로 뒤집어 놓은 공중입니다
자주 희망을 발 구르게 하니까요
다들 바닥, 바닥 하지만
그 몇 평 바닥이 없어* 공중에 뿌려집니다
어느 것에도 바닥은 있게 마련입니다
방바닥 땅바닥, 그리고 바닥 중에서도
제일 험한 밑바닥이 있지만
밑바닥이 많은 사람들이 진짜 부자입니다
무엇이든 세울 수 있으니까요
바닥이야말로 가장 편안한 곳이지요
체념은 가장 높아졌던 마음을
바닥에 눕히는 일입니다
높이를 거느리고 균형을 거느린
모든 바닥들에서 뛰어오르고 눕고 합니다

오늘은 간이 센 바닥을 만들었습니다
그 위에 장식을 하려 합니다

버릴 수는 더욱 없기 때문이지요
우리는 바다에서 잠자고 바다으로 눈을 뜹니다
하루 종일 늪 같은 바다을 핥기도 합니다
움츠린 바다을 재면 지구를 몇 바퀴 돌고도 남았을 겁니다
땅바닥에 주저앉아 봄날을 생각하지만
이 봄날 또한 어느 풀꽃들의 바다일 겁니다
아, 바닥이란 얼마나 부자입니까

* 김사인의 허공장경.

제2부

외동딸

밤하늘의 별들이 고분벽화 같다

무용총의 석류 화살촉들은 꼬리를 남기며 떨어져 내리고 검은 화폭엔 힘찬 말들이 튀어나온다 해와 달의 신들이 하늘을 오가며 소머리 농사신은 벼 이삭을 든 채 인간사를 간섭한다 수레바퀴의 신은 무릎을 꿇고 숫자를 헤아리며 적황청의 선명한 비늘의 용은 비를 뿌린다

얼마 전 별이 되어 떠난 삼촌
별이 사라진 가계의 지형은 달라졌으나
외동딸은 별처럼 반짝이며 별자리를 읽고 있다

처녀 별자리엔 처녀가 없다지만
그 허상을 도화지에 옮기면 그림이 되고 오선지에 옮기면 음악이 된다
문장 속에 넣으면 사람이 되어 걸어 나올 것이다

실제의 별은 볼 수가 없어

몇억 광년 전의 빛과 만나는 시간
삼촌은 별을 밟고 성큼성큼 걸어 다닌다
떨어진 별을 건져 올릴 그물은 아마 지구 밖에 있을 것이다

아주 먼 곳에까지 소멸을 알리는 별빛
오늘의 추모가 나비의 날갯짓처럼 가볍게 날아갈 수 있을까
사라진 사람들, 모두
벽화 속으로 들어갔을 것만 같고
거기, 외동딸 별자리가 빛나고 있다

앗! 발이다

폭탄세일을 하는 달세 양말 가게 앞에서
발을 고르는 저녁
추운 겨울일수록 믿을 건 발밖에 없다고
손이야 제 염치를 감싸 쥐고 입김이라도 빌리지만
발은 너무 먼 곳이어서
쭈그리고 앉아 발을 고른다

전쟁도 아닌데 세상엔
웬 폭탄 맞은 것들이 이렇게 많을까
폭탄에 흩어진 발을 수습하듯 발을 고른다

얼어 죽은 고양이를 본 날
가지런한 것은 입가의 몇 가닥 염치와
네 개의 맨발바닥
20원짜리 흰 봉투에 담긴 70만 원의
자존감은 어떤 염치를 지나서 담겼을까
지상의 위대한 가족,
한 가족의 자존감 수치를 새삼 알게 된 저녁

아득한 벼랑 위인 듯 발을 고른다

치수에 맞춰진 발
절뚝거리는 발이나 번쩍거리는 구두나
모두 한 겹 신고야 말
납작한 한 켤레의 발

어느 흰 봉투에 남겨진
죄송하다는 말,
발을 고르다 말고 그 시린 발들에
중얼거린다, 죄송하다

발바닥보다도 못한 사각지대의
맨발이 달려드는
저녁에 앉아 따뜻한 발을 고른다

균형

평균대 위에서 오래 서 있는 남자
두 팔을 흔들 때마다 균형을 움켜쥐려 하고 있다
균형은 기우뚱거릴 때 공중을 돌아다니고
허우적거리는 것은 균형만 한 위안이 없다는 거다
손쉽게 움켜잡을 수 있는 건 세상에 없지만
균형은 빈손으로도 잡을 수 있는 일이다
그는 늘 위태로운 평균대 위에 서 있다고 생각하지만
내려가는 순간 쥐고 있는 균형을
잃어버릴 수 있다는 불안증의 착지다

사는 일이나 신념이나 대안 없이 자주 휘청거렸다
두 팔을 쳐들고 누워 자는 저 남자
그는 필시 평균대 위에서 휘청거리다
수평의 잠을 당기는 중일 것이다
몸에 잘 맞는 균형을 찾는 일이란
실마리를 풀어가는 과정이어서
손으로 잡을 수 있는 형태 없는 균형과 같다

평균대 위에서는
외다리가 더 평형 유지가 편하다는 것
위태로운 자세는 결코 비관의 자세가 아니다
수위를 찾아가는 감정의 추와 같은 것
흔들림은 직립의 미래가 열리는 착지가 될 수도 있다

바람에 시달리는 가로수들, 사실은
양옆의 길을 벗어나지 않으려고
악착같이 균형을 잡고 있다

멍

떠돌던 보라들이
눈가로 모여든다
흘기는 곳마다 보라색이다
멍든 것에서 최후에 배어 나온다는 보라
경멸의 색깔이
당신의 눈치 채지 못한 곳마다 묻어 있다면
미움의 말끝마다 이미
멍이 들었다는 것이다
착각하는 보라
맞은 곳을 용서하듯 맞은 곳에서
빠져나오는 보라
우아함을 가장한 말투로
보라의 시간으로 옹졸한 마음에서
복수로 바뀌는 색
우리는 너를 보라로 물들이기를 바라며

보라는 보라를 느끼지 못하고
신음 뒤에 흘러나오는 색과

깻잎의 뒷면에 숨겨 놓은 보라
보라의 관계해독제는
불평과 요청을 적절하게 섞는 일

당신이라는 주어를 나로 전달할 때
비껴가는 회피의 색이 되고
또 다른 헤게모니로 나가는 길이
보라로 물든다

이슬의 임계

  이른 숲, 한참을 걸어도 사방은 고요하고
  아직은 덜 익은 아침이 열려 있습니다
  차가운 밤이 걸어 둔 매듭과 매듭
  무거워지는 중심 때문에 풀잎은 조바심을 냅니다
  맑아서 더 이상 숨을 곳은 없습니다

  그때 물방울 하나 또르르 때 묻지 않은 동그라미가 그려지는 순간입니다
  뛰어내리기까지 몇 번의 호흡을 가다듬었을 것입니다
  망설인 자리는 금방 말라
  풋 냄새를 싣고 정오가 지나갑니다

  내부에서 내부로 흐르며 왔는데 사는 곳은 모두 외부입니다
  떨어지는 이유는 모두 둥글다는 것일까요 물방울과 땅이 서로 맞닿은 순간
  바닥은 작은 소리 하나 내어 줍니다

정오의 가상무대가 펼쳐지는 중입니다
스며든 물방울과 자생하는 벌레들은 마지막 잔재입니다
검은 리본을 단 잔디가 돋아납니다

벌거벗은 말

말이 벗겨지면
벗은 몸보다 더 야하다 했던가
말에는 벗기는 말과 스스로 벗는 말이 있다
말을 벗으면 자백일까 아니면 자위일까

자백은 얼마나 후덥지근할 것인가
자백이라는 두꺼운 옷
말을 벗기기 위해 아픈 말을 주입하는 일은
상대 귓속에다 옷을 덧입히는 일이다
수백 개의 단추나 지퍼가 달린
한겨울 꽁꽁 싸맨 외투 같은 말들만 돌아다닌다

수분이 안 된 꽃은 멀리 있는
나비를 끌어당기는 향기 젖은 신호
흐드러진 봄꽃보다 더 화사하다고 했던가

대문 앞 돌이 가루가 되기까지
옛사랑의 한마디 말 귀에 잠겨 서성대다

무덤까지 들고 간 뒤
오백 년이 지난 뒤에야
옷고름 풀 듯 드러난 연서 한 조각

소리가 머리까지 스멀거리며 감기어 올 때
말이 아니라 노래라 했던가
방심한 틈으로 스며드는 건 수줍은 습관 같은 것
새들이 깃들지 않는다고 죽은 나무가 아니듯이
그늘의 깊이에 자신을 묻고 있는 나무
그 그늘에서 칭칭 감고 올라오는 한마디 말

언중유골이라 누군가 말했었지
누구라도 벌거벗은 말 한마디 갖고 있다고

물고기 화장술

이집트 여자들의 눈꼬리는
나일강 쪽으로 나 있다
눈꼬리를 따라가다 보면 강을 만난다
나일 블루 말라카이트 물감들은
짙은 녹색의 눈 그늘 같지만 물고기 꼬리가
얼굴을 슬쩍 빠져나가는 것을 볼 수 있다

공작석의 녹청을 눈가에 스치니
눈동자의 방향은 오리무중
커튼 뒤의 음모처럼 표정을 숨기고 있다
검은 지느러미를 매단 채
건조한 풍경을 헤엄쳐 가는 여인들

뻐금거리는 두 눈
두 마리 물고기가 서로 바라보는 얼굴들
사막에서 유영할 수 있는 것은
눈 속에 물고기가 살고 있기 때문이다
고래를 찾으러 사막으로 가는 붉은 망토 행렬

그들의 뺨과 고운 입술엔 적토가 나붓하다
손바닥과 발바닥은 그날의 징조가 있고
헤나의 가루들은 붉은 재물로 흩날린다

사막을 뒤집어쓰고 있는 죽은 여자들의
눈에서는 물줄기가 흘러나온다
나일강이 범람하는 첫 달부터 넷째 달까지
사천 년 전의 여인들이 마중을 나간다
사막의 사유 그늘은 부호들의 소유물이다
여자들은 넓고 비옥한 그늘을
눈 밑에 두고 있다

소지燒紙

가슴에 손을 얹으면 탑이 된다
두루마리처럼 펼쳐 보이는 골서骨書는 간장처럼 짜다

사설, 너울대는 질문들이 앙다문 입을 태운다
눅눅한 안부가 푸닥푸닥 날아갔다

닥나무들이 젖은 속이 번지듯 한지에 적힌 글자들은 맨 나중 탄다
제문이 네모난 두부처럼 잘려 나가자
하야스름한 한지가 먹빛으로 날아오른다
날아오르는 기원은 주름이 많아 솟구쳐 오르다 이내 떨어진다
간혹 손톱이 뜨거운 소지를
손으로 다듬어서 다시 날려 보낸다

길흉의 시점을 안고 그어진 실금
깨어진 거울이 얼굴이 아니듯 습한 손안의 시발점은
유황 칠 벗겨진 거울 탓으로 변명을 늘어놓고

바람의 풀무질이 오늘따라 요란스럽다

하얀 소지 걸린 나무 주변
신발 끄는 소리 끊임없이 들려오고
길 끝난 자리는 후대의 머리가 둥글어지는 이치를 아는 듯
입에서 나간 거친 말들의 속지엔
반응하는 대숲들이 푸른 날을 세우고 귀조경을 한다
먼 하늘 끝 흰 눈발 하나가 날아간다

줄넘기

산을 넘고
물을 건너
시니피앙 시니피앙
앞만 보고 간다

줄은 양손이 팔랑개비가 되어야 춤출 수 있는 곳
낭창할 때 낭창한 춤을 끝까지 추는 곳

너는 누구니
무슨 동네에서 놀았니
집안 내력을 묻고
이력을 묻고 아래위를 샅샅이 훑는다

줄의 빈틈에서 줄을 밟지 않아야
줄의 일원이 되거나 동문이 되기도 한다
줄을 밟는 순간 그 판은 끝난다

무거운 사람들은

점점 질기고 가벼운 줄을 넘는다
새의 발로 바뀐 줄도 모르고
줄이 사라진 줄넘기를 혼자 넘는다

온몸의 숨이 다 타버릴 때까지
지상의 발들이 활활 타오를 때까지

산이 산을 뛰어넘는다
발바닥만
산 높이를 알 뿐

휴식의 형량

휴식년에 들어 있는 길
길 쪽으로 몰려갔다거나
길에서 멀어진 것들을 위한 반질반질한 혐의
정렬된 것들을 보면 둑을 걸어가던 죄수들이 생각난다
야외 노역을 마친 푸른 옷의 수인들이
발자국 위에 발자국을 겹치며
지친 어깨에 걸쳐진 쇠스랑 끝엔 햇살을 매달고 걸어갔다
그 풍경에는 보이지 않는 눈부신 창살이 있었다
그때 정렬의 형량들은 아마
제 길을 지우기 위한 것들이 아니었을까

혐의의 기간이 무성해지면
숲길을 더듬어 가는 사람들이 없을 것이다
휴식년 팻말인 입산금지의 붉은 글씨는 형량의 또 다른 은유는 아닐까
즐거운 형량이었거나

강물을 따라 흐르던 둑길

줄을 맞춰 걷던 그들은 강가의 풀잎처럼 앉았다
바람에겐 세상의 바깥도 안도 없었다
여자들이 지나갈 때마다 불어대던 휘파람 소리는
치맛자락에 닿기도 전에 날아가버리자
애꿎은 풀을 뜯어 물 편지를 띄우곤 했었다

휴식의 시간은 다시 각을 세우고
강둑의 수양버들도 푸른 옷을 추슬러 입고 뒤를 따랐다
휴식엔 그 어떤 형량도 없다

월천의 아이들

세상과 세상 사이에는 울음이 있고
그 울음에는 치아가 없다
태어나지 않은 아이들의 월령은 천차만별이다
검은 손들은 눈 뜨지 않은 얼굴을 데려간다
창백한 질서, 아이들의 나이는 계절이 없지만
입구의 방향을 알기도 전에 달은 구름 뒤로 사라졌다

발길질하지 않는 아이,
손끝에 묻었던 말들의 지문이 뒤엉키고
젖꼭지에 이르지 못한 입술은 흩어진다
함께 되돌아갈 집 주소는 어둠으로 날아가고 있다
절벽 아래 끊어진 울음이 떨어지고
또 한 울음이 떨어진다

헛바닥을 열기도 전에 먼저 열린 귀로
외부의 얼음 문장을 듣고
건너다니는 말의 지점에서 우뚝 멈춰 버린 아이
자신의 얼굴을 몰라서

찾아오지 못하고 있다

짧은 계절의 미아들이 모여 산다는 월천가越天街
물의 씨앗이 움트는 계곡 어디쯤 살고 있을 것 같다
최초의 입덧은 최초의 입맛이었던지
후생의 복숭아나무 곁에서
푸른 비문을 거꾸로 읽어주는 이도 있다

우리가 눈을 뜨고 있을 때

눈감은 일들이 지나갔지
말의 거품을 입에 묻히고
반갑지 않은 현판식에 갔었지
가가호호들과 입장차들이 연대하여
넓은 마당을 만들고
크고 번잡한 귀를 표방했지
우리는 눈을 크게 뜨고 있을 때
독창적인 패턴이라며 사방 연속무늬를
촘촘하게 채워나갔지
사람들은 환호했고 밤의 장막들로
우리는 서로 모르는 얼굴처럼 행동했지
일식과 월식은 그다지 중요하지 않고
꼬리가 길어질 때까지
국경선을 긋고 언어들을 섞어 놓았지

가끔 우리가 눈 감고 있을 때
눈뜬 우리들이 우리를 빠져나갔지
섭섭한 인사도 없이 우리는 쓸쓸해졌지

감언이설이 통째로 날아다니며
도시와 도시를 건너뛰며
치욕은 가까울수록 지독하고
한 번만 봐줘,
한 번만 눈감아줘
동시대와 같은 입들을 순회했지

서로의 거짓말이 기록을 세웠을 때
한통속의 얼룩임을 알았을 때
태어났을 뿐, 뿌리는 자라지 않았지
모두 우리가 눈 감았을 때나
혹은 눈 떴을 때의 일들이었지

상현달

컴퍼스를 놓고 도형의 반을 그리다 보면
밤이 없는 빈 상현달이 생긴다
그곳에 무엇을 넣을까 탐닉해 본 적이 없다
부르르 떨며 부풀리는 풍선처럼
어쩌면 빈 곳으로 향하는 자유의지와 무의식에 대한 답일 수도 있다
두 개의 다리로 작도의 각을 세우니
한 점이 다른 점을 물고
커졌다
작아졌다
되풀이되는 크로노스의 시간이다
시간이 지나간 자리엔
풀이 돋아나고
세상 끝나는 날까지 자란다
점에서 출발한 오장五臟들은
원의 모양을 갖고 있는 것이 없다
비어 있는 공간의 힘으로 자생하는 것들
심장과 붉은 간의 모서리는 각이 없다

나뭇가지에 폐의 모양으로 걸려 있는 상현달
회화나무는 숨을 쉬는 듯했다
날개를 펼치도록 내놓은 저 회화나무 어깨
황백색 괴화槐花가 오르내린다
문득, 그 위에 손을 걸어 보고 싶어진다
걷다는 것은 목숨을, 말을, 전화를, 시비를, 희망을 모든 것의 중심에 집중하는 일이지만
마침내 예약 주문을 받지 않는 카이로스의 시간이 팽창한다

어쩐지 중독

오래된 중독을 밝히면 끊으라는 말이
당연한 잎처럼 돋아 나온다
사는 것이 나날의 중독이었는데
중독을 끊은 사람의 장례식에 다녀왔다
자발적으로 벗어난 중독은
심장에서 시작하여 코끝으로 빠져나간다
중독을 벗어나지 못한 사람끼리 위로의 표정을 하고
어쩐지 조금 이상했노라고 수군거렸다
그리다 만 그림처럼 의례가 진행되고
최선을 다해 중독에 매달렸던
사람은 여한이 없다는 듯 평온했다

집은 가두는 곳일 뿐인데 꾸역대며 들어간다
확장과 축소를 되풀이하는 결례의 장소가 되고
김치는 김치일 뿐인데
밥상에서 치워지지 않는다
화면과 음악이 회화체로 흘러나오는지
아니면 내가 들어가고 있는지

따져보지 못했지만 무늬와 무늬가 일어나는 세포 수가 달라
　날마다 배를 갈아탄다
　시시한 웃음을 실실거리며
　영화를 쫓아가며 하는 말
　영화가 나를 쫓아와야 하지 않나 젠장

　중독은 당연한 규칙도 있다
　가령 국경 있는 슬픔처럼 책장 속의 책처럼
　어쩌면 잘 맞춰진 낱말 판과 같이
　빈 곳이 없는 부분을 가로질러 전체를 상실하는 것이다
　저녁의 귀가가 아침의 식탁이
　나에게 중독되어 있다
　어쩐지 이 누추한 중독은
　틀린 적이 단 한 번도 없다

눈

눈밭에서 구르다 돌아온 저녁
눈을 털어낸다
궤적은 어느 공터를 배회하고 있을까
지금껏 어느 눈에 들려고
때로는 비굴하게 견뎌온 날들
모르는 사이 너무 많은 눈에 들어가 있는 나는
힘의 없는 빈 걸음으로
혐의가 없어 더 슬픈 저녁에 앉아 있다

눈 안에 있지만 모두
눈 밖에 나 있는 사람들

녹화 기능이 있는 우리들 눈
한밤 꿈속에서 재생되고 있는
눈에 든 일들,
혹은 눈 밖의 일들

나는 당신을 본다는

나비 족속들의 눈 인사말
빨간색의 말.

말에도 눈이 있다
황사 먼지 내리는 불편한 도시의 골목에도
냉정한 눈들이 녹지도 않고 내리는 중이다
눈을 피해 엘리베이터에 도착하면
여기에도 눈이 있다

제3부

종소리와 가시

손끝에 가시가 박히고
가리키는 곳마다 아프게 하기를.

넝쿨 모양으로 서로가 서로에게 엉켜서 우리는 열 개의 가시를 꼭 움켜쥐고 불화한 시간들을 나열하며 하나의 가시를 뺄 때마다 손끝에선 원수진 사람의 혈액형으로 피가 흘렀다.

기다리다 지치면 산이 바다가 되는 오류가 발생하기도 한다.

봄이 되면 가시들도
물이 올라 통통해지고 온순해진다.

가시들이 부드러운 질문처럼 느껴질 때
깨진 창문에서 빛이 꽃처럼 떨어졌다.
어떤 질문을 섞었는지
너는 알고 나는 모른 척할 것이다.

상처 난 사건들의 흉터를 매만진다. 그리고 홍수처럼 떠내려가기도 하고 나무 꼭대기 위에서 까치가 크게 웃는 날도 있었다. 무서운 것은 무심해지는 것. 가시를 꽃으로 키우면 되는 것이다.

손가락질을 받고서라도
가끔은 가시처럼 살고 싶을 때

아무도 건드리지 못하는 가시덤불처럼 가을의 독 오른 가시처럼 살고 싶을 때가 있다는 것이다. 날마다 가시가 종소리처럼 피어난다.

지워지지 않는 기억은 동승한 여행객이다

지나간 시간들에게도
의자가 필요하다는 것

여섯 달 연애와 40년간 냉담
잊지 않으려 했지만 잊혔고
잊어버리기 위해 애를 썼지만 생각났다는 것
고요한 아픔쯤은 참고 견뎌야 한다는 것
죽은 사람의 손목시계는
완강한 시간을 돌고 있다
두 눈 속에 한 호흡쯤 틀린 시간이 고인다

기차선로 위에 있던 동전
서해에서 태운 일기장
해협을 건넜지만 스무 살의 익사체가 떠올랐다

찾아 들어간 호텔 이름이 하필 코스모스다
자주 가던 클래식 음악 감상실 이름과 같다
야로슬라블의 녹색 양파 돔의 무지개를 바라보며

참 지겨운 편린이란 생각

여행객들이 둥글게 모여들고

여행객 1은 역사책을 가지러 갔고

여행객 2는 흑빵의 효모 냄새를 뜯고 있고

여행객 3은 크레믈 성벽에 있는 상점 안에 있던

하얀 종을 사야겠다며 눈을 반짝인다

마을을 지나 세상

진입로가 막혔고 후미도 길이 끊어졌다

아픈 것이 다시 있지 않고 처음 것들이 다 지나갔다고 믿었다

달팽이 같은 패각 무늬를 키워가는 여행길이다

오리의 계절

열두 개의 숫자들, 둥근 시계 안에 흩어져 있다
시침 밑으로 분주한 초침이 물 갈퀴질 중이죠
계절풍과 물가의 산란産卵을 끝낸
몸속의 시계가
징검다리처럼 물을 건너고 있죠

물의 상피, 굳어져가는 호수는 단호하다
새 을[乙] 자의 숫자들,
모두 아랫배 쪽이 젖어 있지만
햇빛 얹혀 있는 곳은 모두 등이죠
숫자가 숫자를 앞지르지 않듯이
아무리 거센 물살에도 뒤로 가지 않는 시간들
언젠가는 다 날아갈
추운 계절의 시간들이죠

누군가 돌을 던지면
흔들리는 수면 위로 겁먹은 숫자들이
제 발자국을 가슴에 붙이고 날아오르죠

쥐 눈이 콩 같은 까만 눈으로
　별이 춤을 추는 것, 구름이 집을 넓혀 가는 것, 바람이 아이를 낳는 것, 나무가 이사를 가는 것
　다 본 매서운 눈
　그 눈으로
　수만 리를 날아와 천연스레 엉덩이를 세운 채
　계절을 고르고 있죠

　물 뒤를 오리가 따라갔다고 생각했으나
　오리가 물을 끌고 가는 것을 보았죠

호구狐口

호구는 나에게 출발한다
거절하지 못하는 손바닥과 눈빛을
돌려세우지 못하는
몰인정이란 단어

사냥감을 놓치고 헉헉거리는 숨을 내몰아쉬다 뱃속의 굶주린 짐승이
　의지를 버리고 탈진한 몸으로 기대앉은, 부드럽고 연한 감정의 입구를
　훅 당기면 바깥으로 내장부터 허물어진다

뒤집어진 옷처럼 속 피부로 살아가는
호구를 지척에 두고 있다

사냥 성공률이 5%인 절대적 빈곤율의 호구
먹는 날보다 굶는 날이 더 많은 짐승
이빨과 다리는 동병상련으로 늙어가고
고단한 호랑이 두어 마리

슬그머니 빠져나갈 궁리를 하다 보면
문 안에 속하며 바깥에 귀를 세워 둔 문밖의 먹잇감은
자신의 속살에서 가끔은 비릿한 냄새를 맡는다
호구는 구조의 바깥에서
얼기설기 구석으로 내몰려 있다

얽혀진 숲속의 질서에 도착해서는
먹잇감으로 끌려가는 호구
가파른 산행길, 목이 쉰 포효는
절대빈곤의 발바닥을 들어올린다

저녁을 짧게 말하다

시간을 깨끗이 빨아
지붕 위에 널어놓았다
끈을 매지 않아서 날아가지 못하는 시간
휘파람을 봉투에 쓸어 담고
목련꽃 그늘을 지나가는 집배원 뒤로
새로 산 스프링 노트 같은 저녁의 입구가
가로등 밑으로 줄어든다

짧게 말해

추억을 묻혀주는 콩가루 입힌 빵이
흘리는 말을 건네는 저녁
하루라는 건 반복이고 반복은 끝이 있다
미사여구로 피는 한낮의 꽃들에겐
자꾸 조미료 맛이 난다

왼쪽으로 도는 시간을 도둑맞은
오른손잡이들의 생일이 우왕좌왕 즐겁다

출렁대는 양상추가 치즈를 뛰어넘어
샌드위치 속에서 아삭거린다
저녁을 사기 위해 책을 샀고
여기저기 쌓아 두었으나 저녁은 여전히 진부하다

밤은 밤일 뿐 네가 아니다
숨기고 싶은 것들과 들키고 싶은 것들이
더듬더듬 흩어져 있는 기억의 빵
와작, 저녁을 한입 씹으면 따끔거리는 별들과
귀가하는 발소리들이
짤막짤막 들린다

피아노 신발

해머가 현을 치는 방식은 애초부터 무거웠다
피아노는 메디치의 유산

분명 첫 번째 도를 밟으려다 마지막 도가 울렸다
소리는 손가락에서 나지 않고
전래 동화책에서 도깨비가 튀어나오듯
아이가 뛰어넘은 어른 쪽에서 났다
피아노는 물속에서도 꽃밭 속에서도
몇 년씩 슬픈 표정을 지었다

피아노는 골목의 끝
피아노는 노란 가방

물과 불이 넘실거리는 집에서 웃음과 울음을 줍다 놓친
다 아가야 그래도 입을 맞추고 저녁을 건너가야지 밀가루
반죽 같은 하루를 조금씩 떼어서 뜨거운 물속으로 던지면
허우적거리는 음악이 되겠지

뾰족 방에 갇힌 피아노

　방바닥은 차가운 악보들 음악은 비눗방울처럼 가벼웠으나 한숨은 악보에서 이탈한 음표인가 방문 밖과 안은 전쟁과 평화 연중무휴 상시전시 파열음의 이중주는 고성과 힐난이 주조를 이루고 귀 밝은 여린 신부는 점점 귀가 어두워져 가고 결과지는 지하실에서 뒹구는 어린이 책가방

　빨라지고 급해지는 건반 소리 이럴수록 향초를 켜두고 피아노 위에 파닥거리는 닭을 올려 두어야겠다 글라스에 무거운 거품이 하품처럼 늘어졌다

　피아노는 적요한 공원. 피아노는 화성의 노래

　정오 무렵 좁은 언덕길을 피아노를 신고 오른다 불안한 음계가 가는 곳마다 흘러나오고 가파른 빨대가 배낭 속에 깃대처럼 꽂혀 있다

흔들리는 책상

 지진을 생각해 봐요. 흔들리는 책상 속엔 펄펄 끓는 용암이 들어 있다는 뜻이잖아요. 털실을 풀듯 써나가는 둥근 책은 어떤 자력이 들어 있을까요.
 태어남을 분해하고 파괴 없이 세계를 만들어 볼 수 없잖아요. 머릿속에 넣어둘 수 있는 기억유물. 끊임없이 흔들리며 책을 짜는 중이잖아요.

 산 자와 죽은 자들은 모두 가로의 선을 따라 중얼거리겠지요. 불편한 줄기를 날카로운 송곳니로 씹는 독자들의 입을 빌리거나 흘리거나.

 책상이 흔들린다는 것은 뜨거운 팔꿈치가 격렬하게 콜로이드를 쏟고 있다는 것이지요. 배부른 임산부가 엎드려 잘 수 없듯 동시에 둘 다 누릴 수 없잖아요. 흔들리는 책상 아래에서 따뜻한 시를 읽어요. 질문하는 입이 고요해질 때까지 몸이 몸을 열고 일어날 때까지 내 이름을 다른 자에게 모종하세요.

합창 같은 책들은 바늘도 없이 오늘도 돌고 있네요.

문어文魚의 인문학

주렁주렁 발기한 알들을 분양받았습니다
육아의 대화는 졸음과 경계
그 와중에도 질문처럼 안고 있는 어린 답습들
신선한 물을 뿌리는 바위에서 꼬물거리는 계절이 옵니다
단 한 번의 사랑으로 다시 오지 않을 생을 겁니다

가시 달린 성게가 현실의 벽이며
배후로 막고 있는 몸이 문어의 집입니다
절박함을 기회로 삼는 절묘한 변신술과
천적에게 색깔을 배우는 방법과
팔과 다리를 동시에 허우적거리는
쾌감과 불안을 알아가야겠습니다

문어에게 문文을 익혀야겠습니다
아니, 문問 대신 문門 여는 법부터 깨달아야겠습니다
문어의 문사는 모성이며
포획자라는 건 어불성설입니다
죽음과 주거의 계보를 읽고 있습니다

매일을 매일매일
살점이 떨어져 나가도록 새끼를 지키는 문어는
존엄 정도로 분류될까요
문文 없는 문장일까요

문어에게 일말一抹 먹물을 조금 얻어와야겠습니다
검은 먹지 한 장도 부탁하겠습니다
글자가 아닌 말들을
골라내려는 호사가들에게 던져주어야겠습니다
뼈 없이도 뼈 없는 다산을 배우고
흐물흐물 흩어지고 마는
문어의 최후를 배워야겠습니다

창세기

몇 벌의 바람 옷을 갈아입고 담장의 설계도를 꼼꼼히 들여다보는 탱자나무 가시
길다란 담장을 주문받고 바느질이 한창이다

이파리들 이어 붙이는
저 바늘 끝

뾰족하게 끝으로만 몰려가는 따끔거리는 방향과 쓰고 남은 바늘들이 엉켜 있고
바늘 위로 바늘이 솟구치며 찌르니
흰 꽃 따던 손 맵시가 낱장으로 떨어진다

안쪽이나 바깥이나 일색一色이어서
숭숭 드나드는 바람은 제 얼굴을 잊어버리기도 일쑤다
옹골진 내력도 없고 안으로만 삭여야 하는
비밀도 없는 가시 담장

담을 깁는 유전자, 종족을 먼저 알아보고 가시들이 달라

붙어 엉키어 간다

　문을 열자 순筍 끝으로 창세기가 펼쳐진다
　가시의 유치乳齒는 무늬만 닮은 초록의 식물성, 그 기세를 꺾으려는 듯 여릿여릿 내리는 비
　빗방울을 이어 붙여 장마에 든다
　연두색 부피가 부풀어 오르고 박새, 참새, 오목눈이, 굴뚝새들이 들락거리며 둥지에 기둥을 세운다

　밖도 안도 없는 담장이 하는 일은
　몇 걸음 더 늘려 문을 만들고 지나가는 헛기침 두어 번을 소리 내어 내뱉는 일
　시고 떫은 실밥들로 담은 쌉쌀해져간다
　담장을 똑똑 따다가 술을 담그면
　세상의 모든 실밥들이 풀리어 간다

잉크

뾰족한 글씨가 담겨 있는 잉크병
뚜껑이 있는 글씨들이 들어 있는 파란 유리병
어쩌자고 이 밀교 같은 병을 집어 들었을까
생제르맹 거리 뒷골목 백 년도 더 된 문구점에서 사온 파란색 잉크 한 병
며칠간 배낭에서 물결처럼 찰랑거렸다
청자갈 같은 질서가 묻어나는 색
파란 보석 같은 잉크병

산의 꼭대기 끝으로 올라가는 봄
뾰족한 산 봉오리에서 파란 잉크를 흘리던
비행기 안에서 본 하늘
나뭇가지들마다 높은 색을 풀어내던 파란색 잉크

백 년도 더 된 문구점에서 보았던
잉크가 가득 담긴 파란 눈들
다국적 책들 사이에서 물감처럼 섞여 있었다

살짝 묻히기만 해도 한 페이지를 쓸 수 있을 것 같았던 한 병의 잉크
병 속에 들어 있는 수천 마일의 물길들 압축되어 이파리처럼 돋아날 것이고
마름질을 기다리는 신생의 원단들
물결 원단들이여
책을 사려고 들어간 그곳에서 파란색 잉크 한 병을 들고 왔다

책장의 빈자리를 더듬어 잉크병을 놓아둔다
영원히 열어보지 말아야 할 밀서 같다

유등전언

　소식 몇 자 촉燭을 세우고
　가물거리며 강물 따라 흘러온 등불 편지는 짙은 송진 냄새가 났다
　때 묻은 치마의 앞섶이 떨렸다
　뒤를 이은 전언을 듣고자
　망경동 대밭 아래 물풀을 헤치는 손들이 빠르게 물속을 여러 번 첨벙거렸을 것이다
　참혹한 귀를 연 편지들이 자진하듯 강물 속으로 가라앉았다
　오성취루五星聚婁의 별들조차
　황학이 소나무에 깃들듯 강 하구로 내려왔을 테지

　떠나간 유등油燈 중엔 아직도
　떠돌아다니는 등불이 있을 것 같다
　심지가 꺼지지 않는 눈, 진주 남강 위엔
　수백 개가 넘는 유래由來가 눈을 깜박이고 있다
　어둠을 뚫고 다니는 물의 입김에도 방향이 있고
　꺼질듯하다가 왜바람이라도 부는지 저 혼자 떠밀려가다

서기를 몇 번
 덧없고 서러운 마음들이 모여
 여울진 강가에서 등불 편지를 띄운다

 하늘이 열린 달
 강물은 강물로 흐른다
 작년처럼 밝았던 밤은 흐른 뒤 다시 돌아오지 않아서
 이곳 강가에서
 캄캄한 밤 골라 유등전언을 띄운다

그늘의 뿌리

몇 대를 거쳐 슬그머니 태어나는 질병도
하나의 귀한 손孫이다
그 몇 대의 꼬인 사슬에 긴 한숨과
치사성이형성증이라는 병명이 얹혀 있다

보이지 않는 손이 유전도를 그리며 가문의 중심으로 들어온다
결손의 자리로 지문을 옮겨도
어김없이 나타나는 피의 집착
그중 어떤 집은 낮은 처마를 갖고 있다
정원의 나무까지 키가 작았다
담 밖의 모든 시선들도
직계의 모든 근심도 그 몸에 다 있는 것

깨어진 거울 속 단족의 발걸음, 슬픔의 높이가 땅에 끌린다
귀가하지 않은 걸음은 젖어 있을 거라는 생각
피도 반드시 대가 있다는 말과
내력이라는 말 옆에 몇몇 혈통들이 지나간다

집수리 연장통을 손에 들고 근거 없는 기대에 방을 하나
들여놓고 하루에도 몇 번씩 게놈 프로젝트를 들먹거리며
　신문의 의학 코너를 천수답 비 기다리듯 훑어 내렸다

　등본의 활자들은 자신의 무상함을 모르듯
　정자체로 쓰인 이름 옆엔 대를 이을 손자가 벌써 세 살이다
　근심 가득한 단신短身
　그에게 통증은 뿌리 깊은 그늘이다

꽃

관은 처음 흰색의 여백이지만
채색하고 마르기를 기다리면
시신 하나를 담고 꽤 오랫동안 버틴다
그 사이
꽃 그림을 그렸다
유랑은 그림을 그렸고 그림자를 조절했다
꽃들은 향기를 주지 않았고 조용한 정물만 허락했다

죽은 사람은 부끄러움을 모르지만
관은 부끄러움을 아는 존재
꽃은 부끄럼을 몰랐고 또 알았다
손가락으로 지목하면 누구나 당황하듯
내장을 보여준다는 건
살면서 가장 큰 용기다
잇몸을 드러내는 꽃에게는 나비가 피해 간다
꽃 속의 과제, 기다란 관을 허락한다
을과 갑이 바뀐 질서 속에서
그러니까 사람은 전생이고

관은 후생이라고 믿는다면
나비는 죽고 꽃은 마른다

관의 어디까지가 나비 것이고 꽃의 일부인지
그림 그리기가 쉽지 않다
채색으로 무지를 덮는다
어둠 속에서 한 마리 나비가 또 날아든다
가볍게 붓끝을 나비처럼 팔랑 그려봐,
가끔 물감이 말을 건다
북대서양을 넘어 화란까지 나비들이 날아갔다
꽃이 완성되자 향기가 없었다
며칠이 지나자 꽃잎이 떨어졌다

제4부

소금가시

인간의 몸에서 짠 부위는 눈이다
소금사막을 다녀온 이후로
끊임없이 눈에서 물들이 연장선상을 이루는 걸 보아
눈은 고원高原이다

시간이 흐를수록 짭짤했던 잔소리 같은 흰 꽃이 고원 산
맥을 타고 녹아내리고 있다

까마득한 옛 바다는 물 대신 모래를 불러들였듯
관계 증발은 피할 수 없다
염장이 길어진다는 것은
계절을 가두어 빗장을 지른다는 것이고
조금씩 간을 보태는 염장의 시간들이 있다

나에게 하나둘 떠나가는 건 짜디짠 날들
나 또한 딱딱한 빈 소금부대 되어 발문이 시작되리라

우리의 미뢰는 짠맛이 날카롭게 느껴진다는 소문

짠맛에 냄새가 나지 않는 이유는 어떤 징조 같은 것이
아닐는지

아버지를 쟁반에 쏟아보니
쏴르르 파도소리를 토한다
두 손으로 사리를 움켜잡으니 오도독 어금니 무는 소리가
들린다
각을 세웠던 손바닥을 찌르는 소금 가시들
하늘과 땅의 합수 지점
물기들이 날아가고 가시들은 수평선에 모두 걸려 있다
몇 번의 상처를 염장할 수 있는 소금기가 고원의 눈 속에
아직 있다

고요의 길이

   사주를 보면 맨 마지막에 남아 봉양하는 지체가 왼쪽이라 했다 한다
   절단의 팔에 기미가 올 때마다
   몸을 떠난 오른쪽 팔의 근황이 궁금하다 했다
   오래전 살상이 있었다
   오른쪽 팔이 주범이었고 몸은 방관傍觀에 서 있었다
   오른쪽 주범은 이미 오래전에 도망치고
   왼쪽의 중언으로 괴로운 날들이었다

   아직 돌아오지 않은 오른팔
   사이렌 소리나 경보음만 들어도
   남아 있는 왼팔이 움찔거린다
   오른쪽 수작手作들이 왼쪽 손으로 다 옮겨졌지만
   습관은 여전히 양손이어서
   늘 한쪽으로 기우는 중심
   반쪽의 생각에 바글거리는 통증
   서슬 퍼런 시절에 잃은 한쪽의 팔뚝과 균형이 겨우 얻은 엉성한 필체들을 들여다본다

뭉툭한 절벽 어깨
그 아래 빈 소맷자락은 펄럭거림이 주인이다
왼팔이 왼팔을 긁지 못하는 날들이
다만 가려울 뿐.

금요일 오후

옷깃이 지나가고 가방이 지나가고 때 묻은 운동화가 지나가고 잠깐만요, 누군가 손목을 잡는다

길에서 길을 묻고 길에서 악운惡運을 듣는다
표정에 통달한 눈을 만났다
세상에서 가장 운이 없는 사람으로
한참을 길 위에 서 있었다
손목의 시간으로
어정쩡한 시간으로 서 있는 오후
버스가 지나가고 목발이 지나가고 이어폰이 지나가고
지지리도 운 없는 한 시절이 지나가고
천기누설을 나직이 들은 귀와 어깨는
좀 더 무거워진 것 같고
묘수 없는 훈수의 시간이 구름으로 흩어지고

깡마른 얼굴의 하관에서 도화道話가 피고
내 손목을 잡고 있는 것들에 대해 생각하다
타인의 시간이 얹혔던 손목이

째깍거리며 돌고 있었다
주머니 없는 말들과 동의가 없는 날들을
흘러왔거나 걸어 온 듯 다리가 아프고
손목을 빌려주었던 내게 별 소용 있는 것이 아니라는 것
잠깐을 위해 혹은,

오월의 꿈

억센 가시들을 세모꼴 몽치로 찍어내다 문득
가시는 나무의 무엇이었을까
아마도 가장 바깥의 옷이 아니었을까요
이 날카로운 적의도 옷이 될 수 있다는 생각을 해봐요

구름이 한낮 뒤로 사라지자 오빠는 웃통을 벗어요
오래전 풍경이지만 여전히 따끔거려요
그때 오빠는 아까시나무로 책상을 짰어요
제각각 무늬가 맞지 않아
가끔 삐걱거리는 틈을 갖고 있던 책상에 앉아
한 가족이 흩어지는 동화를 읽었어요

그 후로 나는 흔들거리는 책상이었어요
나이는 점점 비어가고 책상의 나무들은 말라갔어요

꼬마 아가씨 엎드려 울던 아까시 책상
 가끔씩 가시에 찔려 따끔거리는 것은 손가락인 줄 알았
지만

꽃 진 뒤에야 멍울인 줄 알았죠

아까시 꽃향기가 나던 계절이면
의자가 사라지던 책상
팝콘처럼 톡톡 터지던 여드름은 얼굴의 가시였을까요
오빠의 휘파람 소리가 못으로 박혀 있는
모서리가 살짝 휘감겨 돌아간 음표의 책상
사그락거리는 서랍을 열 적엔 오월의 소리가 나곤 했어요

벌떼들이 시간의 방석을 물고 날아오르고 있어요
불어오는 높새바람에서 손때의 냄새가 나요
책상 서랍에서 별들이 흔들려요

환지통

 평생 도화선의 길이를 가늠했다 크고 작은 진동을 공진 주파수에 맞추며 살았다 남자의 발끝에 저릿한 불이 붙는다 도화선의 길이는 제각각이고 폭발은 검은 공간을 만들어내곤 했다

 불붙은 통증은 고요의 또 다른 얼굴 귀를 막을 수도 몸을 숙일 수도 없는 도화선이 타들어 온다 이 고요의 길이에는 압축된 입김이 들어 있다 들판 어디선가 뭉쳐진 바람이 타들어오는 듯 속수무책이란 단어를 붙일 수도 없다

 타들어 오는 고요의 배후에는 빠지직거리는 불꽃이 매달려 있고 그 불꽃이 도화선의 길이를 추적해 들어온다 연결 고리도 없고 매듭도 없어 중단이 없다

 한밤의 쏟아지는 소나기처럼 몸을 두들기는 드럼 소리, 사람의 위로는 없다

 몸이 풀처럼 풀어졌으면 생각하는 남자, 자욱한 화약의

냄새가 걷히질 않는다

전생의 편지

오른쪽 손가락에 반지를 끼는 습관이 있다
오래전 옮겨둔 오른쪽 심장이 빠져나가지 못하게
뚜껑처럼 반지를 끼워 둔다
약지의 의미는 반짝이지만
세상의 어떤 약속도 묶여 있지는 않다

외투를 걸친 심장, 진분홍 엽서를 손에 쥐고 있던 날
왼쪽 가슴을 심하게 맞은 적이 있다
비명이 가라앉기를 기다려
오른쪽으로 심장을 옮겨 놓는 날은 온종일 비릿한 비의 냄새가 났다
나는 백지였다

흘러나가는 여름의 끝을 막고 있는 붉은 저 꽃들
언젠가는 뚜껑이 열리듯 꽃 떨어지면
심장이 없는 한 계절을 견뎌야 할 것이다

구름의 희생으로 우기가 이어지듯

군주지관다운 색다른 네 개의 방 그 일정 끝난 뒤
실핏줄 같은 실들이 빼곡히 들어찬
사과의 내부를 들여다보면 백야의 흰 마음들

내가 아는 심장은 상처가 너무 많다
오래된 상처는 지나간 바람이 촘촘 박혀 있다
묵혀둔 방을 치우듯
반백 년의 그늘을 끓여 지금은 차를 마시는 시간
오른쪽 심장으로 사는 날이다

렛미인

네 속에 내가 있었는데
누가 내 얼굴을 오렸을까
골방의 통증이 지나가고 검은 새가 있다 간 자리
얼굴은 아직 흔들리는 중이야
그런데, 넌 어느 고통에서 나온 얼굴이니

음식이 흘러나와
부정교합이 뭐 어때, 라고 했니
그럼 네 이빨 나를 줘봐
먹지도 마시지도 못하는 불편함을 사랑할 수 있겠니

가위를 들고 웃음을 오려줘
첫인상을 오려서 미간에 붙여줄 수 있겠니
왜 너희들의 눈에는 예쁜 얼굴만 득실거리니
우리 서로 눈알만 오려서 바꾸면 안될까

얼굴을 쇼핑하는 시간이야
거울 따위는 너나 봐

세상이라는 거울은 죄다 망가뜨리고 싶어
가슴이 너무 커 어깨가 휘어졌어
지금은 당신들의 쇼핑 시간

사라진 입술도 붙여 줄게
감격의 눈물은 도대체 어느 얼굴에서 흐르는 거니
괴물의 시간을 지나
거울의 시간으로 걸어 나오는
제발 전생과 인과응보라는 말은 말아줘
이 얼굴은 가장 오래오래 들여다본 얼굴이야

오른쪽 심장

편지를 받았다.

발신인은 흑백으로 흐릿하고 한낮 골목의 소란이 배달한 전생後生을 건다는 결의의 편지를 받았다. 닭 울음 우체국 소인이 찍힌 한 마리 나비 같기도 하고 꿈이 묻어 축축한 베개 같기도 한 편지.

나는 후생이 없어도 괜찮다.

너는 누구냐는 질문이 여러 번 세차게 들려왔으나 아직은 덜 죽어 고개를 빳빳하게 들고 있는 존재라는 것을 알 뿐. 청소는 잦았지만 쓰레기는 늘 채워지고 작은 티끌 앞에서도 삐끗대고 죄로 얼룩진 손으로 다른 죄인에게 돌멩이질하고 있는 나.

가끔씩 위선과 위악이 오락가락하고 동행하는 나의 곳간은 늘 비어 있지만 잠은 늘 풍성하다는 것.

우리 가족은 귀가 잘 들리지 않는 가족이다.

더 이상 말할 사람이 남아 있지 않은 집. 같은 방향을 바라보자는데 나 좀 살려줘 제발이라는 대답. 중독을 끊으라고 말하면 방 얻어 나간다는 오리발. 세상과 화해하자는데 내가 모르고 태어난 세상을 계속 모르겠다는 방언.

마임의 시간. 나는 어쩔 수 없는 전생을 너에게 보낸다. 그러나 너는 그 생을 받지 마라.

우리의 슬픔이 산만했으므로

거미줄이 흔들렸다
한 호흡이 가늘어지는 순간이라 했다
우리는 슬픔 끝에 모여서 밥을 먹고
덜렁대는 가문의 고리를 걱정한다
삼월 햇살에 눈을 찡그리고
강경했던 직립의 자세를 수습한다
동쪽 호수와 해를 가두는
서쪽의 호수까지 번지는 노을이
어린 상주의 붉은 눈에 고인다
아침의 서리를 보고 갔던 길을 되짚어
따뜻해진 논바닥이 다시 식어가는 순간을 보며
이리저리 급커브에 쏠리면서 돌아간다
속절없는 것이 어디 꽃잎뿐일까
소년과 소녀는 심심하고
철없는 것들은 여전히 철이 없고
이내, 운구차의 등받이에 기대 잠이 든다
우리의 슬픔이 산만했으므로
남녀를 나누어 휴게소 화장실을 들락거리고

흐느끼는 어깨들은 생전을 들추어내고는
아차, 싶은 웃음을 골라낸다
손닿지 않는 이별은 넘친 불행일 뿐
행복의 반대쪽이 아니다
좋은 꿈을 꾸게 한다는 드림캐처가
버스 앞 유리창에서 흔들기린다

Morse code

    수풀을 헤집고 곤충의 소리들이 날아다닌다.
    신호를 받아 적는 관절의 신경통이 뾰족한 단모음을 날려보낸다.
    흘러내리는 수많은 지붕들의 줄기가 강보다 더 많다. 그 소리의 출처를 쫓다보면 대부분 마모가 되었거나 비에 젖어 있다.

    점과 선으로만 이어지는 가장 빠른 그림. 배후엔 늦은 부고가 누룩처럼 번진다. 퍼져나가는 소리처럼 얼룩은 손끝에서 시작되고 실핏줄은 전선처럼 타고 내린다. 기호의 타전은 아마도 리듬을 타는 푸른곰팡이일 것이다. 흘러내리는 소식은 또 다른 문자의 원형이다.
    귓속까지 닿지 않는 피리 소리는 뼈로 내는 울음을 닮았다.
    늑골에서 나오는 피리 소리에는 구멍이 없어 눈은 점선에 귀는 ㅊ 소리에 가 있다.

    잉잉 뚜뚜뚜
    비악음非樂音이 은폐됐던 잎들 사이에서 피어난다.

거리가 먼 부호는 노처럼 음의 세계를 유영하다 삽시의 타법으로 떨어지고

뒤따른 점들은 선의 옷을 갈아입는다.

싶다-로 끝나는 감정 또한 온통 점과 선뿐 소리는 간섭을 허락하지 않는다.

내리는 비처럼 잡음의 주파수로 오래 떠돈다.

봉봉봉 縫縫縫

　엄마는 가끔 어둑한 바느질을 했어요
　가끔 까무룩, 속셈을 뒤집어 지금까지도
　집안 식구들을 꿰매고 있어요
　병실에 누워서도 아픈 소리로 여전히 나를 꿰매고 있던 엄마
　지금까지 내 몸에 덧입혀지고 있는 바느질의 흔적
　잘 닳거나 뜯어질 부위를 빤히 안다는 듯
　잔소리를 드르륵 박아대죠
　내 방 책갈피 사이 춘서가 흘러나올 적에도
　엄마는 바늘을 들고 있었죠
　형이상학적인 바느질의 습관은 끊어진 부위를 태연히 지나가죠
　집을 옮길 때에도 대못을 들고 엄마는 쫓아다녔죠 그때 나는 작약 같은 붉은 립스틱을 바르고
　어른 말투 흉내를 내며 거울 속을 들락거리며 배시시 웃어줬지요
　그러고 보니 초경도 엄마가 꿰매고
　엄마 몰래 이어붙인 건 첫 남자뿐이네요

결혼도 엄마가 꿰맸고 솔기가 터지듯 아이들이 삐져나왔죠

엄마의 실로 꿰맨 나는

엄마의 첫 수선이었네요

다 풀어지고 빈 실패 같은 엄마는 여전히 길고 질긴 실타래를 풀어내고 있죠

내 쪽으로 감기는 엄마의 실

나는 까무룩, 졸다 깨다 엄마가 뜯겨진 솔기를 꿰매고 있죠

그가 또 지르신다

푸른 칩거라 부르고 나면
참 아름다운 폐인이라는 생각이 든다
주전자 가득 물을 붓고
잠시 늦게 불을 끈 것뿐인데
봄날은 다 졸았다
들썩거린 것뿐인데
누수된 청춘이 흘러내렸을 뿐인데
규칙과 버릇은 비슷한 구석으로 끓는다
봄의 지층은 끓고 말들은 또 짧아진다
타국에서 돌아온
여행가방의 생채기처럼
무사히 달에 착륙한 우주인처럼
환호작약의 시간이 없다
봄날은 끓고
신은 묻지 않고 건축하기를 즐기셨고
물에서 시작하여 빈 주전자만 엎는다
느닷없는 족보의 대부분은
고집이거나 추락이다

그가 또 지르신다

온갖 순간이 피는 속도로

닫힌 방문은 닫힌 채 두는 게 상책일 듯

옥상은 꽃들이 서성거리기에

좋은 날씨지만 비를 가장

빨리 맞는 곳이기도 하다

활

말발굽 모양의 활은 어머니 유품이다.

줄도 매지 않은 등 같은 활
아직 날아가지 않은, 꿰뚫지 못한 냄새들이 났다.
손끝엔 떠나려고 했던 것과 잡고 있던 힘이
퇴적처럼 쌓여 있었을 것이다.

막내아들을 잃은 뒤 정신 줄 놓듯 줄을 풀었을 것이다. 손끝엔 어떤 힘도 두지 않으려 했을 것이다. 민어 부레풀에 천천히 말라가던 활대 그러나 줄을 매지 않은 활은 태어나지 않았거나 이미 죽은 목숨

생전에 날린 화살을 과녁 근처에서 아직 줍고 있을 어머니
놓아버린 것과 놓친 화살은 같지만 떨어진 자리는 다르다.

활을 당길 때야 유일하게 펴시던 어머니 등. 명주실 백 가닥을 꼬아 밀납 먹인 시위처럼 당신은 너무 멀리 날아갔지만 나는 가끔 당신을 시위에 다시 건다.

오랜 침묵 끝 한마디

그 놈 가고 물소뿔 잡았더니 일곱 자식이 눈에 보였다는 자작나무 껍질 같은 말

탄성의 기억

휘어진 국궁國弓 한 대 저물 하늘에 떠 있다

죽음의 방

시집을 펼치면
시인의 말이 묘합니다

같은 이치로 사람의 말
개의 말
그리고 죽음의 말이 있습니다

모든 죽음은 진행 중이므로
개인마다 각자 연재 중인 죽음의 말이 있을 것입니다
아주 작은 말 아주 평범한 말로
첫 장의 죽음,
그 페이지에 실어야 합니다

성장기, 성공기, 극복기 같은 것은 우후죽순이지만
왜 망조亡兆기 같은 것은 없을까요
비록 내가 없는 시대의
실패담이 되겠지만
꼭 필요한 후일담입니다

끝을 살피는 일, 죽음의 말을 놓고
한 반나절 고민 중입니다

수확을 포기한 논바닥 같은
낱말이 줄을 서고
말이 무거워 목이 조금 들어간 흔적도
고민 옆에서 행여 기다립니다

옆집의 새소리가 사그락사그락 들려
이름을 물어볼까 합니다

이여원의 시세계

마녀의 미학, 역설의 매혹

주영중

(시인)

　역설의 마녀, 마녀의 역설에 대한 매혹의 단장을 시작하자. "나는 마녀", 이여원 시인은 한 시에서 스스로를 그렇게 지칭한다. 첫 시집 『빨강』에서 마녀적 존재는 통념을 넘어서는 새로운 마녀 이미지를 거느린다. 다양한 변신을 통해 자신의 마녀상을 만들어나간다. 시집에서 마녀의 목소리는 바깥으로 터져 나오기보다는 견인주의를 동반하며 내적으로 응축되는 가운데 에너지를 발산한다. 한편 시집을 관통하는 시작 방법 중 하나가 바로 역설이다. 마녀와 역설, 역설과 마녀는 이 시집을 물들이는 주요 모티프가 된다.

현실의 억압과 제한이 강렬할수록 시인의 마녀 되기는 더욱 활성화된다. 질서의 바깥으로 질주하고 싶은 욕망이 시집 전반을 가로지른다. 편견과 차별이 마녀 앞에 가로놓여 있다. 그런 억압을 인내하며 그로부터 벗어나려는 시인의 모습 가운데, 자기를 향한 가학과 피학의 자세가 아로새겨져 있다. 부정한 욕망의 소유자라는 바깥 세계의 낙인에 괴로워하는 존재는 자기 미학을 실현시키려는 몸부림을 지속한다.

마녀는 추방된 자의 표상을 거느린다. 마녀는 바깥이다. 마녀는 부정과 혼란과 저주를 껴안은 자로서만 외존한다. 마녀의 상징성은 악과 환상의 이미지를 거느리고 온다. 마녀는 적극적으로 이러한 이미지를 선취한다. 바깥으로의 탈주를 감행하는 마녀의 적극적 자기 표징은 단단하게 굳어 있는 일상적 인식과 삶의 패턴에 균열을 내는 상징으로 작용한다. 저주받은 자를 자처하며 억압과 편견을 견디는 자의 심상이 시인의 시에 새겨져 있다.

1. 빨강, 욕망과 금기

빨간 장날에는 슬쩍 훔치고 싶은 것들이 많지만 하늘이 맑아서 예비용 서답이 없는 처녀들은 불안합니다 음전이 할머니도 오늘만큼은 빨간 몸뻬를 갈아입고 빨간 장미 무늬 양산

을 쓰고 왔군요 빨간색에 민망한 파란 꼭지를 단 파프리카가 파라솔 아래 담겨 있고요

빨간 날은 빨강들이 옹기종기 건너오고 있습니다 그날은 기상예보처럼 빨간 게 무겁고 가벼울 수도 있습니다 운수처럼. 장날은 빨강 쉼표 같은 날, 아랫배부터 살살 홍이 올라 파장까지 번져 올라갈 수도 있습니다

되바라진 처녀들이 올 적마다 주머니가 불룩해져 가고 얼굴은 빨개집니다 초록색 지붕의 범수 아제도 하얀 삼베적삼에 빨간 목수건 걸치고 붉은 팥을 경운기에 싣고 왔군요 모두들 꽁꽁 숨는 빨간색과 드러내는 빨강이 숨바꼭질하듯 합니다

월요일의 빨간 수탉벼슬을 따라가면 빨간 일요일이 나오고 일요일 처녀 일요일 소녀 일요일 폐경들이 와자한 장날입니다

모든 빨강은 식욕의 끝에서 자라고 있는데 흰 바지 밑에 빨간 양말 아저씨는 왜 나이가 들수록 빨간색을 묻히려고 할까요

구름의 한쪽 끝에서 빨간색이 터집니다
아슬아슬한 나이들이 모여들어 뭉게구름을 만듭니다 빨간 장날이 되면 사르르 아픈 배 챙겨 온 새털구름은 다 흘러가버

리고 발을 동동 구릅니다 빨간 고추잠자리 서너 마리가 날고 서쪽으로 뉘엿거리는 하늘빛이 붉습니다

—「빨간 장날」 전문

  장날은 빨강으로 가득하다. 빨강의 기운이 장을 감싸고 있다. 빨강은 생명이다. 생명력의 발산이다. 빨강은 설렘과 흥의 기호다. 숨은 빨강도 드러난 빨강도 식욕의 끝에서 자라는 그 무엇이다. 빨강은 불안이다. 소녀, 처녀, 폐경에 이르는 아슬아슬한 나이들. 폐경도 빨강을 막지 못한다. 장날이 끝나가고 빨강도 끝나가고 노을이 끝나가는 시간 속에서 그 어떤 아쉬움에 발을 동동 구르는 빨강에 사로잡힌 자들. 붉은 하늘빛이 마지막으로 빨강이다. 곧 사라질 것을 알기에 빨강은 아름답다.

  빨강은 금기의 색이며 욕망의 색이다. 억압과 광기가 빨강 속에 내재해 있다. 빨강은 역설이다. 빨강은 일탈의 벡터다. 빨강은 일탈을 꿈꾼다. 빨강 쉼표는 강박적이고 반복적 일상 가운데 놓인 휴식의 시간 같은 것이다. 범속한 일상을 잠시 벗어나는 시간이다. 빨강 쉼표는 삶을 견디는 에너지다. 빨강 쉼표가 시인에게 필요한 이유이다.

  빨강은 하나의 색이 아니다. 빨강은 거짓도 진실도 담고 있다. 빨강은 아픔이고 생채기이다. 빨강은 그저 혼자만의 작용 속에서 생성되는 색이 아니라 반작용과 작용 속에서 생성되

는 색이다. 금기와 억압과 폭력이 작용하는 곳에서 빨강은 더 짙어지고 더욱 강렬해진다. 빨강에는 거짓과 일상이 함께 혼효한다. 그럼으로써 빨강은 뛰는 심장이 된다.

> 혓바닥은 가볍게, 가지런히 풀어놓은 불혹의 거짓말
> 완곡한 요구와 정중한 거절은 대부분 한 페이지에 같이 수록되어 있다
> ―「거절의 사전」부분

> 휴식년 팻말인 입산금지의 붉은 글씨는 형량의 또 다른 은유는 아닐까
> ―「휴식의 형량」부분

> 흘러나가는 여름의 끝을 막고 있는 붉은 저 꽃들
> 언젠가는 뚜껑이 열리듯 꽃 떨어지면
> 심장이 없는 한 계절을 견뎌야 할 것이다
> ―「전생의 편지」부분

붉은 혓바닥에는 '정중함'이 실려 있으면서도 거짓이 얹혀 있다. "거짓말 길이만큼 뽑혀 나온 혀"(「즉흥적 반응」)는 마녀의 말을 옮기는 매개가 된다. 혀에는 빨강의 역설이 존재한다. "입산금지의 붉은 글씨" 속에 담긴 강한 금지의 메시지에

도 빨강이 있다. 삶 속에 알게 모르게 스며든 '금지와 벌'의 상징이 그 속에 이미 담겨 있는 것이다. "붉은 저 꽃들"은 생명의 처소이지만 심장에 아로새겨진 상처들은 어쩔 수 없다. 막을 수 없는 시간의 흐름과 바깥의 어떤 힘들이 심장에 상처를 남긴다. '붉은 꽃'의 비유는 그렇게 역설이 된다.

> 한 며칠 앓고 난 뒤
> 입맛 끝에 반짝 눈 뜬 사과가 떠올랐다
> 충혈된 사과의 맛
> 배꼽이 더 깊어지기 전에
> 예쁜 얼굴을 내동댕이쳐야 익는다고
> 가지 끝은 미안한 마음으로
> 빨강이 될 때까지 참는다
> ―「속눈썹이 떨어지기 전에」 부분

빨강은 미성숙과 성숙의 심상을 동시에 거느린다. 설렘과 인내를 담지한 색이 된다. 빨강은 "수인성으로 번지는 분홍색의 꿈"(「롤리타」)처럼 설렘과 미성숙의 심상을, '빨간 사과'처럼 성숙의 심상을 동시에 거느리고 온다. 견인주의적 심성을 지닌 마녀의 모습을 새롭게 읽을 수 있다. 속눈썹을 잃어야 비로소 사과가 싱싱해진다. 잃는 것이 있어야 얻는 것이 있다. 성숙의 시간이 필요한 이유다. 마녀가 앓고 사과가 익고 있다.

2. 미학적 인간 vs 현실적 인간

이여원의 시는 역설의 언어를 근간으로 한다. 역설은 바깥의 강렬한 부딪힘과 관계하면서 내적으로 갈등하는 자의 모습을 간직한다. 이는 존재에 대한 끊임없는 물음과 탐색과 반응 과정에서 찾아낸 삶에 대한 시인의 태도와 연관된다. 부딪혀오는 현실은 음험하게도 시인이 추구하고 믿어왔던 세계를 한순간 무기력하게 바꿔놓으려 한다. 시인은 '마녀 되기'를 지속하는 가운데 자신을 지키려는 시도를 멈추지 않는다. 시인은 마녀의 미학과 마녀의 윤리학을 정립하는 과제를 떠안고 있다.

마법 하나 배우고 싶죠

빨간색 가방에 동그라미 색깔을 넣으면 당신은 십분의 일만 명품일까요

마법을 배우려면 마법사보다는 마녀가 더 적합하죠 모자 속이나 빗자루 속이나 또는 동화책 속에 사는 마녀는 동화책 어느 책갈피 샛길을 누빌지는 아무도 모르죠 독학은 어떨까

요 붉은 피 속에 푸른 나무를 거꾸로 넣으면 전율, 혹은 소스라칠까요

네 개의 바람 부는 곳에서는 어디서나 악명 높은 마녀가 되겠죠 실크로 만든 채찍은 마법을 지우는 일도 하죠 까마귀 털이 꽂힌 검고 작은 가방 속엔 공기와 흙과 불과 물이 들어 있죠 하얀 표정으로 검은 말을 하는 입 거짓말 길이만큼 뽑혀 나온 혀를 보며 조롱을 일삼기도 하죠

나는 마녀 반복적 저녁을 넣고 보글보글 찌개를 끓이고 끓여요 악행의 재료가 무엇일까요 파란 사과 이빨 빠진 도끼날 빗겨나간 화살 미래의 목을 끊어 입구 속으로 출구를 털어 넣으면 도덕적으로 끓는 찌개는 갈등의 냄새가 나죠 역설이 약병인 나만의 조제법인 셈이죠

바람으로 부풀지도 않고 그렇다고 바람이 빠지지도 않는 동그라미들의 악행 마법은 최초의 화폐쯤 되겠죠

—「즉흥적 반응」 전문

"나는 마녀"라는 자기 천명 속에 자신의 운명에 대한 새로운 자기 정립의 기운이 스며들어 있다. 그것에는 역설적 삶으로부터 비롯하는 갈등을 어떻게든 해결해야 하는 자의 숙명

이 담겨 있다. 전복과 역설의 '찌개 끓이기' 속에서 우리는 시인의 삶과 내면의 갈등이 무엇인가를 유추해볼 수 있다.

시인이 찌개를 끓인다. 반복적 저녁과 악행의 재료가 들어간 찌개를 끓인다. 그 속에는 반복적 일상과 마녀의 자유로운 감수성과 도덕적 의문들이 들어가 있다. 함께 할 수 없을 것 같은 재료들이 찌개 속에서 끓는다. 동화적이고 환상적이며 원초적 연금술로 이루어진 마녀의 세계가 벗어날 수 없는 현실·도덕적 잣대의 세계와 함께 끓고 있는 것이다. 일상의 도식과 윤리의 차원에서 보면 마녀의 일탈적 상상과 마법은 일종의 추와 악에 비견될 수 있다. 하지만 그것이 바로 시인이 추구하는 진정한 세계라면 어쩔 것인가. 갈등과 전율은 쉽게 해결될 수 있는 것이 아니다. 구속과 이탈의 심상 속에서 마녀의 언어가 흔들리고 있다.

「어쩐지 중독」 「눈」 「줄넘기」란 시에도 이와 유사한 상념들이 숨 쉬고 있다. 현실적 인간과 미학적 인간의 부딪힘은 언제나 그렇듯 불편한 동거 속에 있다.

중독은 당연한 규칙도 있다
가령 국경 있는 슬픔처럼 책장 속의 책처럼
어쩌면 잘 맞춰진 낱말 판과 같이
빈 곳이 없는 부분을 가로질러 전체를 상실하는 것이다
저녁의 귀가가 아침의 식탁이

나에게 중독되어 있다

　　어쩐지 이 누추한 중독은

　　틀린 적이 단 한 번도 없다

　　　　　　　　　—「어쩐지 중독」 부분

  삶은 일종의 중독이다. 누구나 대개, 현실 원칙에 맞게 살아야 하는 날들. 벗어나야 하는데 벗어나야 한다고 생각하는데 현실의 감각은 늘 타성처럼 몸에 달라붙어 떨어지지를 않는다. 이 끊을 수 없는 "누추한 중독"이 시인을 옥죈다. 중독을 끊으라는 말이 돋아나지만 쉬운 일이 아니다. 자발적이든 비자발적이든 바깥의 힘이 시인을 조정하려 한다.

　　지금껏 어느 눈에 들려고

　　때로는 비굴하게 견뎌온 날들

　　모르는 사이 너무 많은 눈에 들어가 있는 나는

　　혐의 없는 빈 걸음으로

　　혐의가 없어 더 슬픈 저녁에 앉아 있다

　　　　　　　　　　　—「눈」 부분

  마녀 되기를 방해하는 것들은 도처에 산재해 있다. 시인의 안에도 바깥에도 있다. 현실에 맞는 존재가 되기 위해 오랜 세월 비굴하게 견뎌왔다는 시인의 고백은 이를 반증한다. 바깥의 눈에 들려고 비굴하게 건뎌온 날들. 역으로 보자면 시선은 늘 시인에게 폭력적 힘을 행사했던 것이다. 그 힘으로부터 벗어나고 싶어 하지만 스스로 그 힘으로부터 벗어나지 못할 때 마녀 되기는 슬픈 좌절감 속으로 떨어지고는 한다.

>너는 누구니
>무슨 동네에서 놀았니
>집안 내력을 묻고
>이력을 묻고 아래위를 샅샅이 훑는다
>
>줄의 빈틈에서 줄을 밟지 않아야
>줄의 일원이 되거나 동문이 되기도 한다
>줄을 밟는 순간 그 판은 끝난다
>
>　　　　　　　　　　　―「줄넘기」부분

바깥 시선은 출신을 묻고 내력을 스캔한다. 현실의 일원이 되고 동문이 되기 위해서는 선을 밟거나 넘지 말아야 한다. 그렇게 현실원칙은 마녀를 괴롭히는 근원이 된다.

>불구가 된 단어는 당신들의 것
>설득이 입을 깁고 있네
>장난은 작아서 장난 뒤에 숨기에 충분하고

손을 열고 뺨을 바꾸는 약속을 자주 한다네
　　어른과 소녀 사이에 보철을 한 웃음이 둥둥 교정 중이네
　　원피스 자락을 들추는 공중놀이는 익숙한 스릴
　　소녀도 여자도 아닌 것이 텀블링으로 뒤집히네

　　어른들을 흉내 내며 꼬리가 길어진다
　　혀끝은 불붙은 램프 심지 같아
　　거리 둔 직계들은 그 곁을 비껴가려 하네
　　수인성으로 번지는 분홍색의 꿈을
　　한낮의 그림자가 기위질하네
　　친절한 소녀가 흘리는 말은 번개처럼 위험하다네
　　　　　　　　　　　　　　─「롤리타」부분

　시인을 현실로 끌어내리려는 시도는 가계家系의 그늘에도 늘 잠재해 있던 것이다. 마녀 되기의 원초적인 장면 속에 '롤리타'의 이미지가 새겨져 있다. 제3의 존재로서 소녀의 미성숙과 어른의 성숙 사이에 놓인 롤리타적 존재는 마녀 되기의 초기 모습을 구현한다. 어른의 시선 속에서 '롤리타'는 미성숙하기에 늘 설득의 대상이 되지만, 그 설득의 언어들은 이미 '불구의 언어'일 뿐이다. 마녀적 심성을 거느린 '롤리타'적 존재에게 이미 그것은 어떤 의미도 지니지 못한 것이 된다. "수인성으로 번지는 분홍색의 꿈"의 세계 속으로 이미 진입해 가

고 있기 때문이다. 오히려 그 언어들은 튕겨져 나가는 힘을 더욱 가속시킬 뿐이다.

'마녀'로서의 낙인은 이미 어린 시절로부터 시작되었을지 모른다. '직계'로부터 시작된 낙인찍기-찍히기. 가계의 비극적 심상은 오히려 시인의 마녀 되기에 더욱 불을 지피는 계기가 된 듯하다. 오빠의 죽음(「난청」)과 가족의 흩어짐(「오월의 꿈」), "귀가 잘 들리지 않는 가족"의 소통부재(「오른쪽 심장」) 등의 비극적 심상이 말이다. 아니 그보다 더 오래되었는지도 모른다. 마녀로서의 낙인은 "몇 대의 꼬인 사슬"로서의 '보이지 않는 비극적 유전'(「그늘의 뿌리」)과 '괴물의 시간'을 물려준 "전생과 인과응보"(「렛미인」)로부터 비롯되었을지도. 시인은 비극적 마녀 되기가 자신의 필연적 운명 속에 놓여 있었다고 보고 있었는지 모를 일이다.

    손끝에 가시가 박히고
    가리키는 곳마다 아프게 하기를.

    넝쿨 모양으로 서로가 서로에게 엉겨서 우리는 열 개의 가시를 꼭 움켜쥐고 불화한 시간들을 나열하며 하나의 가시를 뺄 때마다 손끝에선 원수진 사람의 혈액형으로 피가 흘렀다.

    기다리다 지치면 산이 바다가 되는 오류가 발생하기도 한다.

봄이 되면 가시들도
물이 올라 통통해지고 온순해진다.

가시들이 부드러운 질문처럼 느껴질 때
깨진 창문에서 빛이 꽃처럼 떨어졌다.
어떤 질문을 섞었는지
너는 알고 나는 모른 척할 것이다.

상처 난 사건들의 흉터를 매만진다. 그리고 홍수처럼 떠내려가기도 하고 나무 꼭대기 위에서 까치가 크게 웃는 날도 있었다. 무서운 것은 무심해지는 것. 가시를 꽃으로 키우면 되는 것이다.

손가락질을 받고서라도
가끔은 가시처럼 살고 싶을 때

아무도 건드리지 못하는 가시덤불처럼 가을의 독 오른 가시처럼 살고 싶을 때가 있다는 것이다. 날마다 가시가 종소리처럼 피어난다.

      —「종소리와 가시」 전문

바깥은 '가시' 같은 것이다. 아니 '가시'는 존재의 것이며 다시 존재 바깥으로 날을 세운다. 가시의 시간은 불화의 시간들을 상징적으로 보여준다. 바깥의 관계는 그렇게 가시의 찌름과 찔림에 의해 완성된다. "손끝에 가시가 박히고/ 가리키는 곳마다 아프게 하기를."이라는 언사 속에는 외상에 대한 가학과 피학에 대한 이중적 심상이 숨어 있다. 찌름과 찔림에 대한 역설적 단상은 마녀 되기에 필수불가결한 것이다. 바깥의 폭력은 외상으로만 작용하는 것이 아니라 진정한 마녀가 되는 데 없어서는 안 될 동기와 자극제가 된다. 마녀는 "독 오른 가시"가 되어 살 것이며, 그 가시는 다시 '꽃의 가시'로 변용될 것이다. 가시와 꽃의 관계 속에서 우리는 마녀 되기의 과정에서의 열렬한 견딤을 본다. 마녀의 견인주의는 매번 그렇게 지향의 과정을 반복한다.

  마녀는 자신만의 미학 속에 새로운 모습을 새겨 넣는다. 견인주의와 치심恥心의 윤리학이다. 역설과 인내와 치심의 마녀가 그렇게 탄생한다. 윤리에 둔감한 세상. 일상과 현실의 논리를 앞세우는 세상. 마녀는 가시를 세우지만 일상과 현실의 논리처럼 폭력성과 공격성을 간직하지 않는다. 닮아가지 않는다. '염치'(「앗! 발이다」「거절의 사전」)를 아는 섬세한 배려심에 대한 윤리학을 정립해나간다. 그러한 가운데 마녀는 '무기력의 힘으로 솟아나는 폭발의 힘!'(「아이스 캐논」)을 경험한다. 무기력과 '바닥'(「포맷」)은 더욱 커다란 폭발의 힘을 만들어갈 것이다. 이 역설적 인식이 마녀를 견인한다.

3. 언어 이전을 꿈꾸는 현상학적 감수성

이여원의 시는 현상학적 감수성으로부터 비롯한다. 마녀의 미학이 비롯되는 두 번째 자리이다. 날것으로서의 현상학적 기호들은 대개 '벌거벗은, 빈, 덜 익은, 태어나지 않은, 은폐된'이라는 수식어를 동반하며 온다. 언어를 부리는 자로 언어 이전을 꿈꾸는 것 자체가 이미 모순을 담지하는 것이지만, 이런 선택 자체에 이미 시인의 미학적 입장이 담겨 있다고 볼 수 있다.

    나뭇가지와 흙바닥이 없었다면 문맹률은 한참 더 올라갔을 것이다
    봄이었고 중이염을 앓고 있었다
    군대에 간 오빠가 귀를 잃은 편지를 보내왔다
    오빠의 전사 위로금으로
    귓속 가득 쌓인 난청을 들어냈으나
    나는 한쪽이 꽉 막힌 사람이 되었다

    목련나무들마다 하얀 붕대를 풀고 있었고
    한쪽의 실음失音을 얻었다

들리지도 않으면서, 어지러운 방향만 들어 있는 귀
커튼을 단 귀
소음들이 문을 벌컥 열어젖히고 있었다
귀를 닮은 꽃들, 소리가 없는 봄이 지나갔다
껍질만 남은 귀에
어둠이 팔짱을 낀 채 옆에서 걸었다
지금도 뒤에서 부르는 소리는
방향이 없다

나의 문자는 흙바닥과 나뭇가지에서 나왔으므로 쉽게 지워지고
쉽게 부러졌다
시든 귀들이 뚝뚝 떨어진 목련 밑
흰 목련꽃을 열고 달팽이관을 꺼내 갖고 놀았다

들리지 않은 귀에는 오빠가 들어 있고 오빠가 작곡한 악보에는 한쪽의 귀가 없었다
나뭇가지에서 나온 낙서를
쓱쓱 문지르고 가는 흔들리는 그늘
슬픔에게 배운 글자에겐 홑받침이 많다

—「난청」 전문

현상학적 감수성이 시작되는 첫 자리를 헤아리기는 쉽지 않지만, 「난청」이란 시에서 우리는 그러한 시선의 한 자락을 엿볼 수 있다. 문맹에서 벗어났지만, 문맹에 가까운 '나의 문자'. 그것은 쉽게 지워지거나 쉽게 부러지는 낙서에 가까우며 방향을 갖지 못한 문자들이지만, 그렇게 배운 슬픔의 문자들이 바로 시인의 시가 된다. 오빠의 전사 위로금으로 난청을 들어내지만, 시인은 '또 다른 난청'과 '실음失音'을 얻는다. 말하지 못하는 말을 찾아가는 작업이 시가 시작되는 첫 자리 어디쯤에 해당한다면 그건 바로 이여원 시가 지닌 현상학적 감수성의 위치를 가늠게 한다.

문맹을 문자 무지의 비유로 읽을 수 있지만 동시에 그것을 문자 이전의 알 수 없는 것들에 대한 느낌과 감각의 편린을 담은 무엇이라 읽을 때, 우리는 시인의 시선이 어디에 가 있는가를 직감하게 된다. 가령 「물푸레 동면기」에서 "빈 몸으로 서 있는 겨울나무들"은 "문맹"의 존재에 비유되지만, 그 문맹의 존재가 오히려 알 수 없는 생명력으로 겨울을 나는 존재로 의미화 되는 것을 보더라도 말이다. 이런 점에서 문맹 혹은 문맹에 가깝다는 심상은 세상의 문법에 물들지 않은 감성이 바로 시인의 것임을 짐작하게 한다.

마녀의 시선에 비친 세계는 그러므로 문자로 재편되기 이전의 감각과 기호들로 가득하다. 자아와 대상은 언어 이전의 것들로 자신을 타전한다. 모스부호로(「Morse code」), 신체에 새겨진 멍으로(「멍」), 얼굴의 화장술로(「물고기 화장법」), 피지 않은 꽃의 향기로(「벌거벗은 말」), 울음 없는 울음으로(「월천의 아이들」) 자신을 타전하는 것이다.

> 당신이라는 주어를 나로 전달할 때
> 비껴가는 회피의 색이 되고
> 또 다른 헤게모니로 나가는 길이
> 보라로 물든다
>
> ─「멍」부분

멍에 새겨진 보라색은 폭력의 가해자와 폭력의 피해자를 가늠해주는 기호이다. 그것은 헤게모니가 누구에게 있는가를 표현하는 기호이자 말이 된다. 신체에 각인된 현상학적 기호는 그렇게 언어 아닌 언어가 되어 폭력의 주체와 객체의 위계를 가르는 표징이 된다. 하지만 그것은 다시 또 다른 헤게모니로 가는 길을 '나'에게 지시해준다. "너를 보라로 물들이기를 바라며" 더 날카로운 감각을 갈고 있으니 말이다. 슬픔이 각인된 멍의 색이 '나'의 언어 아닌 언어가 된다.

> 수분이 안 된 꽃은 멀리 있는
> 나비를 끌어당기는 향기 젖은 신호
> 흐드러진 봄꽃보다 더 화사하다고 했던가

대문 앞 돌이 가루가 되기까지
　　옛사랑의 한마디 말 귀에 잠겨 서성대다
　　무덤까지 들고 간 뒤
　　오백 년이 지난 뒤에야
　　옷고름 풀 듯 드러난 연서 한 조각
　　　　　　　　　　　　　　—「벌거벗은 말」 부분

　바깥의 힘에 의해 털어놓는 말, 자백을 강요하는 힘은 아픔을 동반한다. 자백은 옷을 벗게 하는 듯 보이지만 다시 옷을 겹겹이 여미게 한다, 억지스럽게 나오는 말이 아니라 어느 순간 자연스럽게 터져 나오는 말을 시인은 "스스로 벗는 말"이라 칭한다. 그렇다면 "스스로 벗는 말", 즉 진정한 말은 어디에서 태어나는가? 그것은 "수분이 안 된 꽃"의 "향기 젖은 신호"에서 오며, '오백년 동안 묻혀 있던 사랑의 연서'에서 온다. 말로 태어나기 전의 말, 현상학적 기호 속에 이미 스스로 벗는 말, 진정한 말이 있다고 시인은 말하고 있는 것이다.

　4. 죽음의 말, 그 닫힌 미래를 넘어

　　시집을 펼치면
　　시인의 말이 묘합니다

같은 이치로 사람의 말
개의 말
그리고 죽음의 말이 있습니다

모든 죽음은 진행 중이므로
개인마다 각자 연재 중인 죽음의 말이 있을 것입니다
아주 작은 말 아주 평범한 말로
첫 장의 죽음,
그 페이지에 실어야 합니다

성장기, 성공기, 극복기 같은 것은 우후죽순이지만
왜 망조亡兆기 같은 것은 없을까요
비록 내가 없는 시대의
실패담이 되겠지만
꼭 필요한 후일담입니다

끝을 살피는 일, 죽음의 말을 놓고
한 반나절 고민 중입니다

수확을 포기한 논바닥 같은
낱말이 줄을 서고

말이 무거워 목이 조금 들어간 흔적도

고민 옆에서 행여 기다립니다

옆집의 새소리가 사그락사그락 들려

이름을 물어볼까 합니다

─「죽음의 방」 전문

「죽음의 방」은 묘한 역설의 기운이 솟아나는 시이다. 마지막 시 「죽음의 방」은 시집 첫 장의 〈시인의 말〉로 되돌아가는 자리를 마련한다. "생각이 독이었고/ 때로는 독이 해독제로 변했다/ 앞으로도 독을 낳을 것이다"(〈시인의 말〉). 생각이 독이었고 그 생각으로 만들어진 말과 시가 독이었으니, 시는 말하자마자 죽음으로 향해 있는 것이다. 시인은 그렇게 시집의 끝을 살피면서 시집 "첫 장의 죽음"을 떠올린다. 이는 마치 태어나자마자 죽는 영예를 떠올리게 한다. 하지만 그것은 또한 '해독제'였으니 죽음을 생명으로 바꿔주는 역할을 하는 말이자 시였다. 죽음으로 향하는 말과 생명에 이르는 말은 그러니까 함께 있는 셈이 된다. 죽음과 생명의 연속된 연쇄, 그 속에서 비극과 희망은 동시에 솟아오른다. 이렇듯 역설의 마녀는 앞으로도 독을 낳을 것이다. 시가, 죽음 쪽으로 향해 있으므로, 사라짐을 향해 있으므로, 아름답다. 현상학적 죽음과 현상학적 생명이 탈바꿈하는 자리가 지속될 거라 믿는다.

| 이여원 |
진주 출생. 2012년 『매일신문』 신춘문예 등단.
2015년 시흥문학상 대상 수상.

이메일 : ooo0724@hanmail.net

빨강 ⓒ 이여원 2019

초판 인쇄 · 2019년 12월 2일
초판 발행 · 2019년 12월 5일

지은이 · 이여원
펴낸이 · 이선희
펴낸곳 · 한국문연

서울 서대문구 증가로 31길 39, 202호
출판등록 1988년 3월 3일 제3-188호
대표전화 302-2717 | 팩스 · 6442-6053
디지털 현대시 www.koreapoem.co.kr
이메일 koreapoem@hanmail.net

ISBN 978-89-6104-255-0 03810

값 10,000원

* 이 도서는 2018년도 아르코문학창작기금 지원사업에 선정되어 발간된 작품입니다.

* 잘못된 책은 바꾸어 드립니다.

이 도서의 국립중앙도서관 출판시도서목록(CIP)은 서지정보유통지원시스템 홈페이지(http://seoji.nl.go.kr)
와 국가자료공동목록시스템(http://www.nl.go.kr/kolisnet)에서 이용하실 수 있습니다.
(CIP제어번호: CIP2019048976)